# Fensterbilder

## Lustige Tiermotive 2

# Fensterbilder

## Lustige Tiermotive 2
## von Jürgen Schultz

Die Deutsche Bibliothek - CIP-Einheitsaufnahme
Schultz, Jürgen:
**Fensterbilder: lustige Tiermotive** / Jürgen Schultz. -
Wiesbaden: Englisch, 1995
ISBN 3-8241-0602-7
© by F. Englisch GmbH & Co Verlags-KG, Wiesbaden 1995
ISBN 3-8241-0602-7
Fotos Axel Weber
Printed in Spain

Alle Rechte vorbehalten. Nachdruck, auch auszugsweise, verboten.
Die Ratschläge in diesem Buch sind von Autor und Verlag sorgfältig erwogen und geprüft,
dennoch kann eine Garantie nicht übernommen werden. Eine Haftung des Autors bzw. des
Verlages und seiner Beauftragten für Personen-, Sach- und Vermögensschäden ist ausge-
schlossen. Eine gewerbliche Nutzung der Vorlagen und Abbildungen ist verboten und nur
mit ausdrücklicher Genehmigung des Verlages gestattet.

# Inhaltsverzeichnis

| | | | |
|---|---|---|---|
| **Viel Spaß!** | 7 | Quiki, das Schweinchen | 25 |
| | | Henry, der Hahn | 26 |
| **Was wird gebraucht?** | 8 | Henriette, die Henne | 26 |
| | | Entenfamilie Schnatter | 30 |
| **Wie wird's gemacht?** | 8 | Ferdinand, die Superente | 40 |
| | | Opa Eule | 40 |
| **Haustiere** | 9 | Mucki, die Mücke | 42 |
| Waldi | 9 | Fritz, der Wetterfrosch | 43 |
| Wuffi | 10 | Tim und Tom, die Würmer | 46 |
| Philipp Bellow, | | Postschnecke Heribert | 47 |
| der Meisterdetektiv | 11 | Bunny, der Hase | 48 |
| Tinka, die Modemieze | 12 | Hermann, der Hase | 48 |
| Maja, die Spielkatze | 13 | | |
| Koko, der Papagei | 16 | **Exotische Tiere** | **52** |
| Willi, der Fisch | 16 | König Leo I. | 52 |
| Junior, der Teddybär | 18 | Hubert, der Elefant | 53 |
| Käsemaus | 19 | Elmar, der Elefant | 53 |
| Mini und Manni, | | Wanda, die Giraffe | 58 |
| zwei Schneemäuse | 20 | Klara und Stöpsel, | |
| | | zwei Känguruhs | 58 |
| **Im Wald und auf der Wiese** | **24** | Charly, das Äffchen | 60 |
| Kunigunde, die Kuh | 24 | Amanda, die Schlange | 61 |

# Viel Spaß!

Fensterbilder sind ein preiswerter, attraktiver und zeitloser Bastelspaß für große und für kleine Bastelfreunde.
Sie eignen sich als bunter, origineller Raumschmuck, als Tür- und Fensterdekoration oder als freudebereitendes Geschenk.
Man benötigt keine aufwendigen Werkzeuge, Materialien oder Räumlichkeiten, um Fensterbilder herzustellen, jedoch sind Spaß an der Sache, etwas Geduld und vor allem Begeisterung wichtige Voraussetzungen, um diesem schönen Freizeitspaß nachzugehen.
Die vielen Freunde, die der erste Teil der „Lustigen Tiermotive" fand, spornten mich an, einen weiteren Band zu diesem fröhlichen Thema auszuarbeiten.
Die Motive in diesem Buch sollen die bisherigen Tiermotive ergänzen und neue Tiermotive hinzufügen.
Natürlich sind auch in diesem Buch nicht alle Motive leicht herzustellen, deshalb empfehle ich, erst mit den einfacheren Motiven zu beginnen und später die schwierigeren Motive anzugehen.
In diesem Sinne wünsche ich Ihnen viel Spaß beim Basteln.

*Jürgen Schultz*

# Was wird gebraucht?

Um die in diesem Buch abgebildeten Motive nachzuarbeiten, benötigen Sie folgende Werkzeuge und Materialien:

Werkzeuge
- Haushaltsschere
- Nagelschere (eignet sich durch ihre Rundung besonders zum Ausschneiden der runden Teile)
- eventuell Cuttermesser
- Bleistift
- schwarzen Tintenkugelschreiber oder Filzstift
- Stecknadel (zum Einstechen des Loches zum Aufhängen der Schnur)
- Brett oder alte Zeitung als Bastelunterlage

Materialien
- bunten Tonkarton, Tonpapier oder was Sie sonst als Bastelmaterial verwenden möchten
- Flüssigkleber oder Holzleim
- dünne Schnur zum Aufhängen der Motive (besonders geeignet ist Angelschnur in der Stärke 0,12-0,15 mm)

Wenn Sie mit Kindern basteln, achten Sie bitte unbedingt darauf, daß Ihr Klebstoff lösungsmittelfrei ist.

# Wie wird's gemacht?

Mit einem Fotokopierer können Sie die Vorlagen, die in diesem Buch abgebildet sind, in die von Ihnen gewünschte Größe bringen.
Dann fertigen Sie sich am besten von jedem Teil eine Schablone aus Tonkarton an. Sie erleichtert das Aufzeichnen und Ausschneiden. Außerdem können Sie so leicht ein Motiv mehrmals basteln. Um die Schablone zu erstellen, drücken Sie mit einem Kugelschreiber die Vorlage auf Tonkarton durch. Anschließend reiben Sie mit einem Bleistift über die durchgedrückten Linien. Dadurch werden die Linien gut sichtbar und leicht auszuschneiden. Die Schablone legen Sie auf Ihren Tonkarton und zeichnen die Umrisse mit einem Bleistift nach. Dann schneiden Sie die Teile aus. Verwenden Sie für die großen Teile dickeren Tonkarton, das verleiht dem Motiv größere Stabilität. Für die kleineren Teile können Sie dünneren Karton verwenden, da sie nur dekorativen Zwecken dienen.
Achten Sie beim Zusammenkleben bitte auf die von mir angegebene Reihenfolge. Haben Sie Ihr Motiv zusammengefügt, bemalen Sie es mit einem schwarzen Tintenschreiber oder Filzstift, dadurch wirkt Ihr Fensterbild lebendiger. Bei der Bemalung können Sie sich an meinen Vorschlägen orientieren oder Ihrer eigenen Phantasie freien Lauf lassen.
Zum Schluß stechen Sie mit einer Stecknadel ein kleines Loch in den Tonkarton und ziehen eine Schnur durch das Loch. Dann können Sie Ihr Fensterbild aufhängen.

# Haustiere

## Waldi

Wem wird Waldi wohl so erfreut hinterherlaufen? Für dieses einfache Motiv schneiden Sie sich alle Einzelteile aus Ihrem Bastelmaterial aus und legen sie sich bereit.
Kleben Sie zunächst Waldi zusammen, indem Sie das vordere Bein von vorn auf den Körper kleben und anschließend das hintere Bein von der Rückseite her anbringen.
Nun kleben Sie die Zunge in die Schnauze ein und befestigen die Zähne und die Nasenspitze. Anschließend kleben Sie die Augen an.
Hinter dem Haarschopf wird das hintere Ohr und von vorn am Haar wird das vordere Ohr angeklebt. Den so vorbereiteten Haarschopf bringen Sie nun am Kopf an.
Jetzt wird Waldi auf die Wiese geklebt. Anschließend wird hinter die Wiese und hinter Waldi der Pflock für den Briefkasten angebracht. Kleben Sie die Klappe, das Posthorn und das Fähnchen am Briefkasten an, und setzen Sie den Briefkasten auf den Pflock.
Zum Schluß ermitteln Sie ein Loch für die Aufhängeschnur und übertragen die Bemalung von der Abbildung.

## Wuffi

Der Winter kann kommen, Wuffi ist warm angezogen.
Dieses lustige Motiv kommt in besonders großem Format attraktiv zur Geltung.
Es eignet sich daher insbesondere zum Schmücken von Eingangs- oder Balkontüren mit einer großen Glasfläche.
Da Wuffi ein recht einfaches Motiv ist, wirkt er auch sehr gut in Paaren oder in Gruppen in den verschiedensten Formaten.
Fertigen Sie sich zunächst alle Einzelteile je einmal aus Ihrem Bastelmaterial an.
Kleben Sie den Bauch am Körper an. Danach werden die beiden hinteren Beine so angebracht, daß der obere Teil von vorn auf dem Körper klebt und der untere Teil von hinten am Bauch befestigt wird.
Die vorderen Beine werden nun über alle bisher

zusammengefügten Teile geklebt. Anschließend wird der Wollschal befestigt.
Auf den Wollschal bringen Sie den Kopf an. Kleben Sie danach von der Rückseite des Motivs den Boden auf.
Jetzt bereiten Sie die Schnauze vor.
Auf der Rückseite der Schnauze werden die Zunge und die Augen festgeklebt, auf der vorderen Seite die Nasenspitze.
Legen Sie die Schnauze beiseite, und bereiten Sie die Mütze vor.
An der Mütze bringen Sie die Krempe und den Bommel, an der Krempe die Ohrwärmer an.
Nun wird zuerst die vorbereitete Schnauze mit den Augen und danach die vorbereitete Mütze am Kopf angebracht.
Von der Rückseite des Kopfes kleben Sie die Ohren an.
Jetzt brauchen Sie nur noch die Bemalung zu übertragen und ein Loch für die Aufhängeschnur zu ermitteln.

## Philipp Bellow, der Meisterdetektiv

„Es war mal wieder einer dieser Tage, an dem ich mich fragte, ob ich diesen Job nicht an den Nagel hängen sollte. Doch dann sollte mir die Lösung meines Problems sofort einfallen, jetzt weiß ich, wo der Knochen vergraben ist."
Wieder einmal hat Meisterdetektiv Philipp Bellow einen Fall gelöst.
Dieses wichtige Motiv für schwirige Fälle, wie Schulaufgaben, Spielzeugsuche und Aufspüren wichtiger Schätze, wird in zwei Gruppen hergestellt, dem Kopfteil und dem Körperteil.
Schneiden Sie sich zunächst alle Teile aus Ihrem Bastelmaterial je einmal aus, und legen Sie sich die Teile für Kopf und die Teile für den Körper getrennt bereit.
Beginnen Sie mit dem Anfertigen des Kopfteiles.
Dazu kleben Sie auf der Rückseite der Schnauze die Zunge, die Zigarette und die Augen an.
Von der vorderen Seite wird die Nase angebracht.
Diese so vorbereitete Schnauze kleben Sie anschließend auf den Kopf auf.
An den Kopf wird danach der Hut und darauf die Hutmanschette geklebt.
Von der Rückseite des Kopfes werden die Ohren eingeklebt.

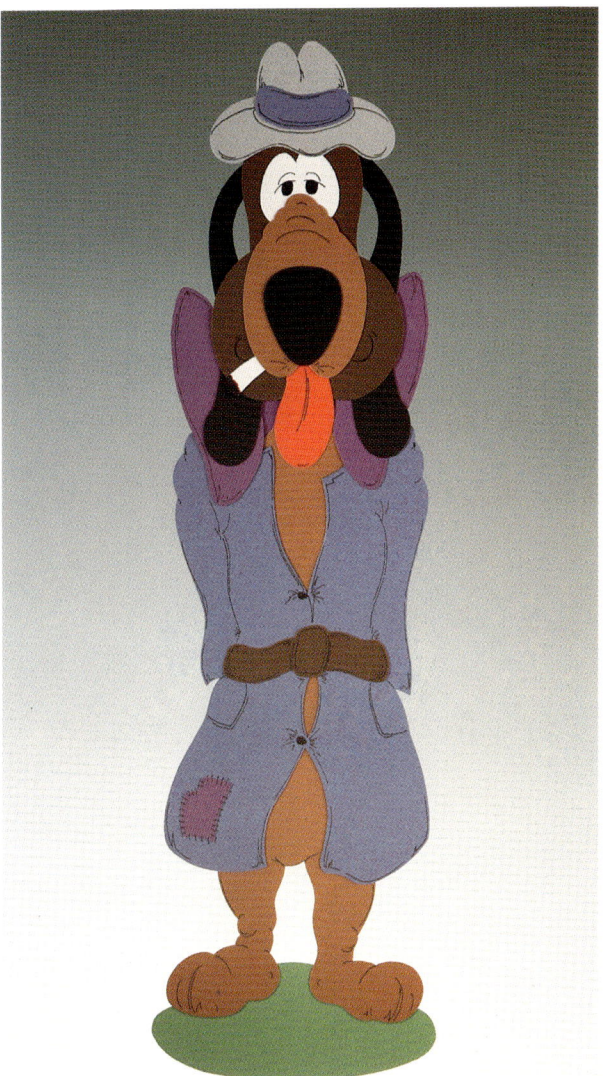

Den Kopf legen Sie nun beiseite und basteln die Teile für den Körper zusammen.
Auf der hinteren Seite des Mantels wird der Körper angeklebt.
Auf dem Mantel bringen Sie den Gürtel an, und am oberen Rand des Mantels kleben Sie die beiden Kragenhälften auf.
Der Kopf wird jetzt an Hals und Mantelkragen geklebt.
Drehen Sie nun das Motiv um, und kleben Sie von der Rückseite ein Stück Bastelmaterial in Kragenfarbe zwischen den beiden Teilen des Kragens auf. Das verstärkt das Motiv und schließt eventuelle Lücken hinter dem Hals.
Zum Schluß übertragen Sie die Bemalung von der Abbildung, und Ihr Detektiv ist fertig.

## Tinka, die Modemieze

Tinka ist ein ganz einfaches Motiv. Viele Teile können aus Restmaterialien herausgearbeitet werden, da sie nicht sehr groß sind.
Fertigen Sie sich zunächst alle Teile aus Ihrem Bastelmaterial an.
Kleben Sie das Schleifenband und die Schleife auf den Hut auf. Danach wird der Bauch auf den Körper aufgeklebt.
Am Hals wird nun der Kopf angebracht.
Den Hut kleben Sie jetzt so auf, daß die Pfoten und die linke Hälfte des Kopfes hinter dem Hut und die rechte Hälfte des Kopfes über dem Hut liegt.
Anschließend werden die Beine und der Schwanz angebracht.
Mit dem Aufkleben der Nase und der Augen wird die „Klebearbeit" beendet.
Sie brauchen nur noch die Bemalung von der Abbildung zu übertragen und ein Loch für die Schnur zu ermitteln.

## Maja, die Spielkatze

Maja erinnert an das typische Katzenkind, völlig verspielt und immer zu einem Streich bereit.
Für Maja verwendete ich elf verschiedene Farben. Wichtig bei diesem Motiv ist vor allem, daß Sie die Struktur des Korbes durch das Aufzeichnen von Strichen hervorheben.
Fertigen Sie zunächst die Teile des Korbes an, und kleben Sie den Rand des Korbes gleich am Korb fest.
Danach zeichnen Sie die Konturen in den Korb ein.
Der Korb ist der Ausgangspunkt für das gesamte Motiv.
Nun können Sie alle anderen Teile dieses Motivs anfertigen.
Auf der Rückseite des Wollknäuels kleben Sie gleich den Wollfaden auf.
Auf den Kopf von Maja werden Nase, Augen, Schleife und das Innere der Ohren geklebt.
Der Boden kann danach auch schon am unteren Korbrand angebracht werden.
Kleben Sie das Wollknäuel nun an Korb und Boden an.
Jetzt müssen Sie sehr aufmerksam arbeiten, damit die Teile der Katze möglichst genau angebracht werden.
Orientieren Sie sich dazu an den Formen des Korbes.
Von der Rückseite des Korbes kleben Sie den Hinterlauf ein. Die Pfoten werden so eingeklebt, daß der obere Teil hinter dem Motiv klebt und der untere Teil von vorn am Motiv angebracht ist. Zwischen den Vorderpfoten wird der vorbereitete Kopf angebracht.
Zum Abschluß der Klebearbeit bringen Sie von der Rückseite des Motivs den Körper an.
Nun wird die Bemalung von der Abbildung übertragen und ein Loch für die Schnur ermittelt.

# Haustiere, Vorlagen

14

Haustiere, Vorlagen

15

## Koko, der Papagei

Dieser farbenprächtige Vogel sollte aus vielen verschiedenen Farben hergestellt werden, damit er voll zur Geltung kommt.
Schneiden Sie sich zunächst aus Ihrem Bastelmaterial sämtliche Einzelteile aus.

Beginnen Sie die Klebearbeit von der Stange aus.
Bringen Sie als erstes die Krallen an der Stange an.
Von der Rückseite des Motivs kleben Sie jetzt die Schwanzfedern ein, die ganz linke Schwanzfeder ist zwischen den Krallen und der Stange von der vorderen Seite her eingeschoben.
Nun bringen Sie oberhalb der Krallen den Bauch von der Rückseite her an, danach wird von der vorderen Seite der untere Teil des Flügels befestigt. Darauf kleben Sie den oberen Teil des Flügels. Von der Rückseite des Motivs wird der Hals aufgeklebt, an dem der Kopf befestigt wird.
Kleben Sie die Brust auf, und bringen Sie von der Rückseite des Schnabels den unteren Teil des Schnabels am oberen an. Den so vorbereiteten Schnabel kleben Sie auf Brust und Kopf. Danach wird das Auge befestigt und die Bemalung von der Abbildung übertragen. Nachdem Sie das Loch für Ihre Aufhängeschnur ermittelt haben, sind Sie mit Koko fertig.

## Willi, der Fisch

Wenn zu Hause im Aquarium sauber gemacht wird, muß man auch als Fisch mal auf dem Trockenen oder aber in der Badewanne sitzen. Für dieses Motiv fertigen Sie sich jedes Teil je einmal aus Ihrem Bastelmaterial an.
Zuerst kleben Sie die Badewanne zusammen. Dazu befestigen Sie an der Wanne den Rand und die Beine. Anschließend drehen Sie die fertige Badewanne auf die Rückseite, kleben hier den Körper von Willi am Rand auf und drehen die Wanne wieder auf die vordere Seite.
Nun werden die Rückenflosse und die Arme angebracht.
Über die Flosse kleben Sie den Kopf und daran die Haare.
An der Rückenflosse werden der Wasserhahn, darauf die Schraube, und von der Rückseite her der Flansch aufgeklebt.
Nun brauchen Sie nur noch die Bemalung von der Abbildung zu übertragen und ein Loch für die Aufhängeschnur zu ermitteln.

Willi, der Fisch

## Junior, der Teddybär

Junior ist ein ganz einfaches Motiv. Zunächst schneiden Sie die Einzelteile aus Ihrem Bastelmaterial aus.
Auf der Rückseite der Hose werden jetzt die Beine und der Oberkörper angeklebt. Beachten Sie beim Ankleben des Oberkörpers, daß der linke Arm vorne über der Hose liegt.

Ebenfalls von der Rückseite des Motivs wird das Gras hinter die Beine geklebt.
Auf der vorderen Seite von Junior kleben Sie die Taschen auf die Hose, die Hosenträger und Juniors Namensschild auf.
Nun wird der Kopf am Hals angebracht und die Nase, die Augen und die Haare aufgeklebt.
Nach dem Übertragen der Bemalung von der Abbildung und dem Ermitteln des Loches für die Aufhängeschnur ist dieser fröhliche Zeitgenosse fertig.

## Käsemaus

Diese Maus legt zwischen den Mahlzeiten eine kleine Pause ein, denn sie hat noch ein großes Stück vor sich.
Für den Käse habe ich mir drei verschiedene Gelbtöne ausgesucht, für die Maus zwei verschiedene Grautöne.
Schneiden Sie zunächst alle Teile aus, und legen Sie sich die Teile für die Maus und die Teile für den Käse getrennt zurecht.
Zuerst wird der Käse gebastelt.
Dazu schneiden Sie das großen Käseteil aus und kleben von der Rückseite her die Käsefläche ein, auf die später die Maus gesetzt wird.
In die Löcher werden von der Rückseite her kleine Stücke des dritten Gelbtones eingeklebt.
Nun wird die Maus gebastelt.
Dazu nehmen Sie sich den Unterkörper und die Arme und kleben diese beiden Teile zusammen.
Anschließend bringen Sie von der Rückseite den Schwanz an und setzen den Mäusekörper auf den Käse.
Kleben Sie den Kopf an, danach die Augen, die Zähne, die Nase und die Nasenspitze.
Das Innere der Ohren, die Haare, die Fußsohlen und die Zunge beenden die Klebearbeit.
Übertragen Sie zum Schluß noch die Bemalung von der Abbildung, und ermitteln Sie die Stelle, an der das Loch für die Aufhängeschnur gestochen wird.

## Mini und Manni, zwei Schneemäuse

Die beiden Mäusekinder Mini und Manni werden anschließend eine wilde Schneeballschlacht mit ihrer gerade fertiggestellten Schneemaus machen.

Dieses einfache, aber etwas zeitaufwendigere Motiv eignet sich besonders gut, um kleinere Materialreste aufzubrauchen. Obwohl in diesem Motiv die weiße Farbe dominiert, ist es trotzdem schön farbig zu gestalten.

Schneiden Sie sich zunächst die Einzelteile aus Ihrem Bastelmaterial aus. Kleben Sie anschließend den Schatten und den Boden unten an der Schneemaus an. Von der Rückseite der Schneemaus werden nun die beiden Körper von Mini und Manni angeklebt und die Mäuseschwänze, die Schals und die Handschuhe angebracht.

Auf der Schneemaus werden danach, beispielsweise mit einem dicken Filzstift, die Kohlen für den Mund und für die Knöpfe aufgemalt.

Nun können der Schal, die Nase, die Sonnenbrille und die Mütze auf die Schneemaus geklebt werden. An die Mäuse kleben Sie jetzt die Zähne, die Augen, die Nasen und die Haare.

An den Tannenbaum wird der Schneerand angebracht. Anschließend befestigen Sie den Tannenbaum von der Rückseite her am Motiv.

Nach dem Ermitteln des Loches für die Aufhängeschnur und dem Übertragen der Bemalung von der Abbildung ist das Schneespiel fertig, und der nächste Winter kann kommen.

Haustiere, Vorlagen

Haustiere, Vorlagen

22

Haustiere, Vorlagen

23

Im Wald und auf der Wiese, Kunigunde, die Kuh

# Im Wald und auf der Wiese

## Kunigunde, die Kuh

Hier ist Kunigunde, die glücklichste Kuh auf der Weide.
Schneiden Sie sich zunächst Kopf, hinteren Schenkel, Bauch, Vorderbeine und Hinterbeine je einmal aus Ihrem Bastelmaterial aus.
Nun fertigen Sie die Flecken an und kleben diese gleich auf die entsprechenden Körperteile auf. Diese so vorbereiteten Teile legen Sie vorläufig beiseite und schneiden sämtliche anderen Teile gemäß der Vorlagenzeichnung aus.
Dann basteln Sie den Kopf zusammen. Die Hörner werden von der Rückseite des Kopfes aufgeklebt. Die Haare, die Augen, das Kleeblatt und die Nase bringen Sie auf der Vorderseite an.
Am Bauch werden jetzt das vordere und das hintere Bein befestigt. Kleben Sie gleich danach das Euter ein. Anschließend werden die im Schatten dargestellten Beine angeklebt.
Der Schwanz wird jetzt am hinteren Schenkel befestigt.
Nun werden Kopf und Hufe aufgeklebt.
Von der Rückseite des Motivs bringen Sie jetzt das Gras an den Hufen an. Dahinter befestigen Sie die Teile des Zaunes.
Zum Schluß ermitteln Sie die Stelle für das Loch der Schnur und übertragen die Bemalung von der Abbildung.

## Quiki, das Schweinchen

Viel Spaß in seiner Lieblingspfütze hat Quiki, das Hausschweinchen.
Für dieses Motiv fertigen Sie wieder alle Teile aus Ihrem Bastelmaterial an und legen diese für die Klebearbeit zurecht.
Kleben Sie nun das vordere Bein so an den Körper, daß die Schulter ein Stück hinter dem Hals und der Rest des Beins über dem Bauch liegt.
Von der Rückseite des Körpers wird anschließend das hintere Bein angeklebt.
Bringen Sie jetzt den Rücken hinter dem Motiv an.
Dann befestigen Sie den Kopf von vorne.
Hinter die Nase kleben Sie die Augen und setzen danach die Nase am Kopf an.
Nun werden die Haare und die Nasenspitze angeklebt und die Schlammpfütze am Motiv angebracht.
Nach dem Übertragen der Bemalung von der Abbildung und dem Ermitteln des Lochs für die Aufhängeschnur ist das Schweinchen fertig.
Ein Tip für alle, die noch mehr Spaß an dem Motiv haben wollen:
Wenn Sie die Schlammpfütze in einem größeren Format herstellen, können Sie Quiki noch ein paar Spielkameraden dazubasteln.

## Henry, der Hahn

Das ist Henry, der Chef vom Hühnerhof.
Für ihn sollten Sie sich besonders viele verschiedene Farben bereitlegen, denn schön farbig wirkt dieser Hahn besonders prächtig.
Um mit den Einzelteilen nicht durcheinanderzukommen, fertigen Sie sich zunächst nur die Teile des Kopfes, den Hals und die Krawatte an.
Kleben Sie anschließend den Schnabel, die Augen und den Kamm auf den Kopf und danach die Krawatte von der Rückseite an den Kopf.
Kopf und Krawatte befestigen Sie am Hals.
Nun legen Sie den so vorbereiteten Kopf zunächst beiseite und basteln den Körper.
Schneiden Sie sämtliche Teile des Körpers aus, und kleben Sie die Beine mit dem Boden zusammen. Von der Rückseite kleben Sie nun den hinteren Flügel an die Brust an. Von vorn bringen Sie den vorderen Flügel an.
Jetzt wird der vordere Schenkel von der Rückseite her eingeklebt und darüber der hintere Schenkel befestigt. Kleben Sie gleich danach die Beine von der Rückseite her an die Schenkel an. Solange der Kleber noch nicht fest haftet, können Sie noch Korrekturen vornehmen.
Der Hals mit dem Kopf wird jetzt auf den Körper geklebt.
Weiter geht's mit den Schwanzfedern. Sie sollen aus möglichst vielen, prächtigen Farben ausgeschnitten werden. Kleben Sie diese gemäß der Vorlagenzeichnung zusammen, und bringen Sie die Federn danach in einem Stück von der hinteren Seite des Motivs am vorderen Flügel an.
Abschließend übertragen Sie die Bemalung von der Abbildung und ermitteln ein Loch für Ihre Aufhängeschnur.

## Henriette, die Henne

Im Hühnerstall bei sehr viel Ruh schaut Henriette andern Hühnern zu.
Dieses Motiv fällt durch seine Größe besonders auf. Dabei ist es gar nicht schwer herzustellen. Schneiden Sie zunächst alle Teile des Hühnerstalles je einmal aus Ihrem Bastelmaterial aus. Da der Hühnerstall der Rahmen für dieses Motiv ist, empfiehlt es sich, auf dickere Materialien zurückzugreifen.
Kleben Sie an der unteren Kante der Stallwand das Stroh auf.
Anschließend werden der Fensterrahmen und die Hühnerstange gemäß der Vorlage angebracht.
Für den nächsten Schritt Ihrer Bastelarbeit fertigen Sie sich aus möglichst vielen Farben die Teile für Henriette an. Kleben Sie danach den Kopf in der Reihenfolge Augen, Schnabel und Kamm zusammen.
Am unteren Rand des Kopfes wird danach der Hals angebracht.
Kleben Sie nun von der Rückseite des Halses den vorderen Flügel, die Brust und den hinteren Flügel an.

# Henriette, die Henne

Etwas Aufmerksamkeit erfordert das Anbringen der Schwanzfedern.
Beachten Sie dabei, daß Sie mit der kleinsten Schwanzfeder unten beginnen und sich dann nach oben vorarbeiten.
Es empfiehlt sich, die Arbeit ständig mit der Abbildung zu vergleichen, da sich einige Federn ähneln.
Die fertige Henriette setzen Sie auf die Hühnerstange.
Nun brauchen Sie nur noch mit ein paar Strichen dem Motiv etwas Leben zu verleihen und ein Loch für Ihre Aufhängeschnur zu ermitteln.

**Im Wald und auf der Wiese, Vorlagen**

28

Im Wald und auf der Wiese, Vorlagen

## Entenfamilie Schnatter

Am Ententeich kommt Leben auf, wenn Familie Schnatter die Sprößlinge zum gemeinsamen Familienausflug ausführt.
Herr und Frau Schnatter schwimmen genüßlich ihre Runden, während Winni, Mini, Tom und Tini die Gegend unsicher machen. Dabei gibt es viel zu sehen, und am besten läßt sich die Umgebung von einem hohen Pflock aus überblicken. Diese bunte Familie ist recht einfach herzustellen und kann ein großes oder ein kleines Fenster zu einem abwechslungsreichen Blickfang gestalten. Außerdem kommen Entenmotive nie aus der Mode.

Beginnen wir die Bastelarbeit mit
**Herrn Schnatter.**
Zunächst werden alle Teile je einmal aus dem Bastelmaterial angefertigt.
Anschließend wird das Wasser von der Rückseite des Motivs am Körper angeklebt und das Gras angebracht.
Auf die Rückseite des Flügels werden die dunklen Federn geklebt, und der so vorbereitete Flügel wird am Körper befestigt.
Auf dem Hals bringen Sie nun den Kopf an und kleben den Schnabel, die Augen, die Haare und den Hut auf den Kopf auf.

An den Hut wird das Band geklebt. Zum Schluß befestigen Sie die Krawatte am Hals.
Nach dem Übertragen der Bemalung von der Abbildung und dem Ermitteln des Loches für die Aufhängeschnur ist Herr Schnatter fertig.

**Frau Schnatter**
Das nächste Motiv, das wir basteln wollen, ist Frau Schnatter.
Auch hier werden alle Teile je einmal aus dem Bastelmaterial angefertigt.
Kleben Sie wieder das Wasser von der Rückseite her am Körper an, und setzen Sie das Ufergras an das Motiv.
Danach wird die Schürze an den Körper geklebt.
Auf die Schürze kleben Sie die Tasche.

Auf der Rückseite des Flügels befestigen Sie die dunklen Federn und bringen den vorbereiteten Flügel am Körper an.
Nun wird der Knoten für das Kopftuch am Hals befestigt.
Den Kopf müssen Sie diesmal erst vorbereiten, bevor Sie ihn an Ihrem Motiv anbringen.
Dazu kleben Sie die Augen, den Schnabel und die Haare am Kopf an. Danach befestigen Sie das Kopftuch so, daß der obere Teil von vorn auf den Haaren und der untere Teil hinter dem Kopf klebt.
Nun wird der fertige Kopf am Hals angebracht.
Übertragen Sie jetzt die Bemalung von der Abbildung, und ermitteln Sie das Loch für Ihre Aufhängeschnur.
Jetzt ist auch Frau Schnatter fertig.

Entenfamilie Schnatter

**Winni, das blaue Entenküken**

Nachdem Sie wieder alle Einzelteile aus Ihrem Bastelmaterial angefertigt haben, kleben Sie von der Rückseite des Körpers die Beine und das Gras auf.
Am Hals werden anschließend die Schleife und von der Rückseite des Körpers der hintere Flügel angebracht.
Danach wird der Kopf auf den Hals gesetzt.

Auf der Rückseite des Flügels kleben Sie die dunklen Federn fest und bringen den so vorbereiteten Flügel am Körper an.
Nun werden der Schnabel, die Augen und die Haare am Kopf angeklebt.
Übertragen Sie zum Schluß wieder die Bemalung von der Abbildung, und ermitteln Sie das Loch für die Aufhängeschnur.

**Mini, das rote Entenküken**

Für Mini schneiden Sie zunächst jedes Teil je einmal aus Ihrem Bastelmaterial aus.
Von der Rückseite des Körpers werden jetzt der hintere Flügel und das Wasser angeklebt.
Auf der Rückseite des vorderen Flügels werden die dunklen Federn aufgeklebt und der so vorbereitete Flügel auf dem Körper befestigt.
Am Hals bringen Sie den Kopf an und kleben den Schnabel, die Augen, die Haare und die Schleife fest.
Zum Schluß wird die Bemalung übertragen und ein Loch für die Schnur ermittelt.

# Entenfamilie Schnatter

Entenfamilie Schnatter

**Tom, das grüne Entenküken**

Auch für Tom werden alle Teile je einmal aus dem Bastelmaterial ausgeschnitten.
Fertigen Sie zunächst den Pflock an.
Dazu kleben Sie auf der vorderen Seite des Pflockes das Gras an und in die Rückseite das hellere Holz. Anschließend bringen Sie die Beine von Tom am Pflock an und kleben den Körper an die Beine.
Von der Rückseite des Körpers kleben Sie jetzt die dunklen Federn und die Flügel auf.
Auf der vorderen Seite des Körpers befestigen Sie den Kopf und die Schleife, auf dem Kopf den Schnabel, die Augen und die Haare.
Nun wird die Bemalung übertragen und das Loch für die Aufhängeschnur ermittelt.

**Tini, das lilafarbene Entenküken**

Schneiden Sie alle Teile je einmal aus Ihrem Bastelmaterial aus.
Zuerst wird der Pflock hergestellt.
Dazu wird das Gras von der vorderen Seite am Pflock angeklebt und von der Rückseite das hellere Holz eingeklebt.
Am Pflock werden die Beine von Tini angebracht und daran der Körper.
Auf die Rückseite des Flügels kleben Sie die dunklen Federn und bringen danach den Flügel am Körper an.
Auf den Hals kleben Sie den Kopf auf und darauf den Schnabel, die Augen, die Haare und die Schleife.
Nach dem Übertragen der Bemalung und dem Ermitteln des Loches für die Schnur ist auch das letzte Entenküken fertig.

Im Wald und auf der Wiese, Vorlagen

36

Im Wald und auf der Wiese, Vorlagen

37

Im Wald und auf der Wiese, Vorlagen

38

Im Wald und auf der Wiese, Vorlagen

39

Ferdinand, die Superente

tropfen ans Fenster peitscht, dann fühlt sich so mancher kleine Zeitgenosse bedeutend wohler, wenn er weiß, daß Ferdinand, die Superente, jederzeit zur Stelle ist, um Schlimmstes zu verhindern.
Für dieses Motiv fertigen Sie sich zunächst alle Teile aus Ihrem Bastelmaterial an.
Kleben Sie anschließend die Hose am Oberkörper an. An der Rückseite der Hose befestigen Sie die Beine, daran die Schuhe und daran den Boden.
Nun wird der hintere Arm an der Rückseite des Oberkörpers festgeklebt. Der vordere Arm wird so befestigt, daß der obere Rand hinter der Schulter und der Rest des Armes am Rand des Körpers klebt.
Das Cape bringen sie so auf dem Motiv an, daß der obere Teil von vorn auf den Schultern klebt und der untere Teil von hinten an der Hose angebracht ist.
In das Emblem wird das „S" eingeklebt. Anschließend wird das Emblem auf dem Bauch der Superente befestigt.
Jetzt werden der Kopf auf den Hals, der Schnabel auf den Kopf, die Maske über den Schnabel und in die Maske die Augen eingeklebt.
Zum Schluß der Arbeit übertragen Sie noch die Bemalung von der Abbildung, und der Retter in der Not ist einsatzbereit.

## Opa Eule

Hier sitzt Opa Eule auf seinem Lieblingsast und genießt seine alten Tage in der Sonne.
Sicherlich erinnert er sich gerade an alte Geschichten, die er in seinem langen Leben erlebt hat, und die er am Abend seinen Enkeleulen erzählen wird.
Nachdem Sie sich alle Einzelteile aus Ihrem Bastelmaterial hergestellt haben, befestigen Sie die Beine am unteren Rand des Körpers und kleben den Bauch auf.
Nun bringen Sie am untersten Punkt des Stocks etwas Klebstoff auf und stecken den Stock zwischen die Beine. Der Stock soll möglichst gerade eingeklebt werden.
Jetzt werden die Blätter am Ast angebracht. Anschließend wird der Ast hinter die Beine

## Ferdinand, die Superente

Endlich wieder ein Held zum Selbermachen! Wenn draußen Gewitterblitze am Kinderzimmerfenster aufblitzen oder der Sturm die Regen-

Opa Eule

geklebt. Bringen Sie nun die Krallen und hinter dem Motiv die Schwanzfedern an.
Kleben Sie danach die Flügel über den Körper und setzen Sie den Kopf an.
Fügen Sie die beiden Teile des Schnabels zusammen, kleben Sie die Augen hinter den Schnabel und bringen Sie diese so vorbereiteten Teile am Kopf an.
Nun werden die Haare darüber geklebt.
Zum Schluß übertragen Sie die Bemalung von der Abbildung und ermitteln das Loch für die Aufhängeschnur.

## Mucki, die Mücke

Mucki verbringt den ganzen Tag damit, andere Leute zu piksen. Sie wird wohl gerade wieder nach jemandem Ausschau halten, um ihn dann heimlich und unbemerkt zu stechen.
Dieses Motiv erfordert ein klein wenig Aufmerksamkeit beim Anfertigen der Einzelteile und beim Zusammenkleben.
Es eignet sich besonders gut für Mobiles; dazu müssen die kleinen Mücken allerdings von beiden Seiten hergestellt werden.
Fertigen Sie sich zunächst wieder alle Einzelteile aus Ihrem Bastelmaterial an.
Kleben Sie zuerst die beiden rechten Flügel zusammen und danach den größeren auf das mittlere Körperteil.
Anschließend setzen Sie die Hauptteile des Körpers zusammen.

Beginnen Sie damit am hinteren Ende der Mücke: Auf das Ende kleben Sie nacheinander die beiden mittleren Körperteile.
Bevor Sie den Kopf anbringen, kleben Sie den Pelz über die Rückenpartie.
Am Kopf werden jetzt die Stachelnase und die Augen aufgeklebt.
Am größeren Körperteil befestigen Sie anschließend die drei vorderen Beine.
Jetzt werden die beiden Flügelteile des linken Flügels zusammengeklebt und danach von der Rückseite des Motivs angebracht.
Zum Schluß der Klebearbeit wird das hintere Beinpaar ebenfalls von der Rückseite befestigt.
Abschließend übertragen Sie die Bemalung von der Abbildung und ermitteln ein Loch für die Aufhängeschnur.

# Fritz, der Wetterfrosch

Gerade in den Ferien ist es wichtig, den genauesten Wetterbericht für die Freizeitgestaltung zu erfahren. Fritz ist der richtige Fachmann für diese Aufgabe und daher in jedem Kinderzimmer unentbehrlich.

Zuerst fertigen Sie alle Einzelteile aus Ihrem Bastelmaterial an und legen sie bereit.

Kleben Sie den Körper auf die Froschleiter und auf den Körper den Bauch. Jetzt werden das rechte Bein und der linke Arm angebracht.

Der linke Arm muß mit dem oberen Rand hinter dem Körper kleben.

Am rechten Arm wird der Stock des Regenschirmes befestigt und die Hand darüber angebracht.

Der Regenschirmstock sollte doppelt hergestellt werden, weil später daran die Aufhängeschnur angebracht wird und dann das gesamte Motiv indirekt am Stock des Schirmes hängt.

Nun wird das Gesicht von Fritz auf seinen Kopf geklebt, die Augen und die Haare angebracht und von der Rückseite des Kopfes die Quakblasen eingeklebt.

Zum Schluß übertragen Sie die Bemalung von der Abbildung und ermitteln ein Loch für Ihre Aufhängeschnur.

Im Wald und auf der Wiese, Vorlagen

44

Im Wald und auf der Wiese, Vorlagen

45

## Tim und Tom, die Würmer

## Tim und Tom, die Würmer

In dieser Birne hat sich eine kleine Wohngemeinschaft eingerichtet. Sicherlich ist es viel zu langweilig, so ein großes Früchtchen allein zu bewohnen.
Fertigen Sie zunächst die Birne an.
Dazu schneiden Sie sich alle Einzelteile der Birne aus und kleben diese dann zusammen.
Der Stiel wird von der Rückseite her befestigt.
Die Blüte und die Blätter werden gemäß der Abbildung von der vorderen Seite her angebracht.
Als nächsten Schritt fertigen Sie sich alle Teile eines Wurmes an und kleben zunächst diesen Wurm auf das Motiv.
In meiner Beschreibung beginne ich mit dem dicken Wurm.
Auf die Rückseite der oberen Körperhälfte kleben Sie das Loch, aus dem der Wurm aus der Birne herausragt.
Auf die vordere Seite wird der Kopf aufgeklebt.
Die Krawatte verstärkt die obere Körperhälfte, damit der Oberkörper später nicht herunterhängt. Kleben Sie diese gemäß der Abbildung in Höhe des Halses an.
Auf den Kopf werden nun die Augen, die Nase, die Haare und der Hut aufgeklebt.
Der vorbereitete Oberkörper wird jetzt so angebracht, daß ein Teil des Kopfes mit einem Stück eines Blattes verbunden ist, und das Wurmloch an der unteren Seite genau am Rand der Birne klebt.
Die untere Körperhälfte wird auf die Rückseite der Birne geklebt.
In genau derselben Reihenfolge wird auch der dünne Wurm gearbeitet.
Fertigen Sie zunächst alle Teile des dünnen Wurmes an, und kleben Sie den oberen Körperabschnitt zusammen.
Das Wurmloch wird von der Rückseite her am Körper befestigt, der Kopf am Hals aufgeklebt und die Schleife unterhalb des Kopfes angebracht.
Augen, Nase und Haare werden anschließend aufgeklebt.
Der vorbereitete Oberkörper wird so angebracht, daß die Schleife mit der Birne verbunden ist.
Den hinteren Körperteil dieses Wurmes bringen Sie ebenfalls von der Rückseite der Birne her an.
Zum Schluß übertragen Sie die Bemalung von der Abbildung und ermitteln im Stiel der Birne die Stelle für das Loch zum Aufhängen der Schnur.

## Postschnecke Heribert

Gemütlich, ausdauernd und so schnell es geht, trägt Heribert, die Postschnecke, die Schneckenpost aus.
Einige Teile an diesem Motiv sollten Sie mit größtmöglicher Sorgfalt ausschneiden. Es sind das Posthorn auf der Satteltasche, der Kragen und die Schnalle der Satteltasche. Diese Teile fallen nämlich recht klein aus.
Ich empfehle Ihnen daher, diese Teile zuerst anzufertigen, denn zu Beginn einer Arbeit hat man gewöhnlich die meiste Ruhe und Ausdauer.
Anschließend schneiden Sie sich alle anderen Teile aus Ihrem Bastelmaterial aus.
Kleben Sie nun den Körper der Schnecke auf den Boden auf, und bringen Sie danach das Schneckenhaus an.
Jetzt fertigen Sie die Satteltasche, indem Sie das Posthorn und die Schnalle auf die Tasche kleben.
Die so vorbereitete Satteltasche wird auf das Schneckenhaus geklebt.
Als nächsten Schritt kleben Sie von der Rückseite her die Krawatte in den Kragen ein.
Mit dem so vorbereiteten Kragen verbinden Sie den Kopf mit dem Körper.
Auf den Kopf werden nun die Augen, die Haare und die Mütze aufgeklebt.
Von der vorderen Seite und von der hinteren Seite werden die Fühler angebracht, und abschließend wird die Bemalung von der Abbildung übertragen.

## Bunny, der Hase

Hier kommt Bunny geradewegs vom Einkaufen. Heute gibt's mal wieder Möhre zum Mittagessen, Bunnys Leibgericht.
Für erfahrene Bastler ist dieses Motiv besonders gut geeignet, um beidseitig hergestellt zu werden. Außerdem empfehle ich, den Hasen Bunny in einem großen Format anzufertigen, dann kommt er besonders gut zur Wirkung und strahlt beste Laune aus.
Die weniger erfahrenen Bastelfreunde üben sich am besten an der einseitigen Variante des Hasen.
Zunächst fertigen Sie sich alle Einzelteile je einmal aus Ihrem Bastelmaterial an und legen diese bereit.
An den Beinen kleben Sie den Boden an. Am linken Fuß werden die drei Fußsohlen angebracht.
Jetzt wird die Möhre auf den Bauch geklebt.
Die Arme werden vorsichtig so über die Möhre geschoben, daß der Oberkörper hinter dem Bauch und die Arme vor der Möhre zu sehen sind. An der Möhre wird nun das Grün befestigt. Den Kopf kleben Sie an den Hals.
Von der Rückseite des Kopfes her kleben Sie ein Stück rotes Bastelmaterial in den Mund ein. Setzen Sie jetzt vorsichtig die Zähne am Mund an und kleben Sie die Augen, die Nase und die Haare am Kopf auf.
Übertragen Sie zum Schluß die Bemalung von der Abbildung und ermitteln Sie ein Loch für die Aufhängeschnur.

## Hermann, der Hase

Hier sehen wir Hermann voll konzentriert bei seiner Lieblingsbeschäftigung, dem Möhrenfressen.
Für dieses Motiv fertigen Sie sich zuerst alle Teile aus Ihrem Bastelmaterial an. Ich empfehle Ihnen, möglichst viele verschiedene Farben zu verwenden, das gibt dem Motiv mehr Fröhlichkeit.
Beginnen Sie die Klebearbeit mit Hermann.
Kleben Sie am Kopf die Augen, die Möhre, die Zähne, die Nase, das Innere der Ohren und die Haare auf. Am Ende der Möhre kann auch gleich das Grün angebracht werden.
Den so vorbereiteten Kopf kleben Sie nun auf den Oberkörper und setzen anschließend den Bauch darüber.
Über den Bauch kleben Sie die Hose und an die Hose die Füße und den Schwanz. Nun bringen Sie die Fußsohlen auf die Füße auf. An der Möhre befestigen Sie den Daumen und die Finger.
Schon ist Hermann fertig, und Sie können ihn auf das Stroh kleben.
Weiter geht's mit dem Wagen.
An die Achse kleben Sie die Bretter des Wagenbodens.
Die Achse wird jetzt von der Rückseite des Motivs an den unteren Rand des Strohs geklebt.
Anschließend werden die Seitenwände des Wagens hinter dem Stroh und der Achse angebracht. Dahinter befestigen Sie die Räder. Hinter die Räder kleben Sie das Gras.
Nach dem Übertragen der Bemalung von der Abbildung ist dieses Motiv fertig.

Hermann, der Hase

Im Wald und auf der Wiese, Vorlagen

50

Im Wald und auf der Wiese, Vorlagen

51

Exotische Tiere, König Leo I.

# Exotische Tiere

## König Leo I.

Hier sehen Sie seine Majestät Leo I., König der Tiere, hoch oben auf seinem Thron sitzen, um sein Reich überblicken zu können.
Dieses Motiv sieht schwieriger aus, als es ist. Sie müssen nur beim Ausschneiden der Einzelteile mit etwas Geduld und Ausdauer zu Werke gehen, und beim Zusammenkleben der Teile etwas Aufmerksamkeit aufbringen, dann klappt die Bastelarbeit wie am Schnürchen.
Für dieses königliche Motiv werden zunächst alle Teile aus dem Bastelmaterial angefertigt und gut sortiert bereitgelegt.
Kleben Sie nun den purpurfarbenen Mantel in die Innenseite des Mantelkragens ein.
Anschließend werden die vorderen Beine und das hintere Bein sowie der Schwanz an der Rückseite des Motivs festgeklebt.
Das Haarbüschel am Ende des Schwanzes kann auch gleich angebracht werden.
Jetzt wird die Mähne von vorn auf den Mantelkragen geklebt, und der Kopf von der hinteren Seite an der Mähne befestigt.
Nun bereiten Sie das Gesicht vor.
Dazu kleben Sie die Nase auf den Unterkiefer, bringen die Nasenspitze an, kleben die Augen hinter die Nase und setzen die Augenbrauen über die Augen.
Das so vorbereitete Gesicht kleben Sie von vorn auf den Kopf auf.
Hinter die Krone kleben Sie das Seidenpolster und befestigen anschließend die Krone auf der Mähne.
Nun wird der Baumstumpf angefertigt.
Kleben Sie das Innere des Baumstumpfes von der Rückseite her ein. Danach bringen Sie das Gras von der vorderen Seite an dem Stumpf an.
Kleben Sie jetzt den Löwen auf den Baumstumpf, und übertragen Sie die Bemalung von der Abbildung.
Jetzt ist Ihr königliches Motiv fertig.

## Hubert, der Elefant

Für Hubert verwenden Sie drei verschiedene Grautöne, damit seine einzelnen Körperteile besser zur Geltung kommen.
Schneiden Sie sich zunächst die Einzelteile aus Ihrem Bastelmaterial aus.
Beginnen Sie anschließend die Klebearbeit mit dem Anbringen des Grases an den Beinen. An die Beine werden die Zehennägel geklebt.
Von der Rückseite des Motivs kleben Sie den Bauch an.
Der untere Teil des Elefanten ist soweit fertiggestellt.
Für den oberen Teil kleben Sie von der Rückseite die Ohren an den Kopf.
Von hinten werden die Augen am Rüssel angebracht. Anschließend wird der Rüssel auf den Kopf geklebt. Nun werden die Haare, das Innere der Ohren und die Öffnung im Rüssel aufgeklebt.
Verbinden Sie jetzt den Kopf mit dem Körper.
Übertragen Sie zum Schluß noch die Bemalung von der Abbildung, und ermitteln Sie die Stelle für das Loch der Aufhängeschnur.

## Elmar, der Elefant

Huberts Freund heißt Elmar.
Es empfiehlt sich, zuerst alle Teile für Elmar auszuschneiden und bereitzulegen. Die Palme wird angefertigt, wenn der Elefant fertiggebastelt ist.
Kleben Sie nun den Bauch an den Hinterkörper von Elmar, und bringen Sie danach die Vorderbeine an. Das vordere Ohr wird jetzt so am Kopf befestigt, daß der obere Teil des Ohrs auf dem Kopf klebt und der untere Teil hinter dem Kopf.
Der Kopf mit dem vorderen Ohr wird nun gemäß der Abbildung über die Vorderbeine und den Hinterkörper geklebt.
Kleben Sie anschließend die Zehennägel, die Augen, die Haare und von der Rückseite des Motivs den Schwanz und das hintere Ohr auf.
Auf den Rüssel kleben Sie die Rüsselöffnung auf und befestigen danach den Rüssel am Kopf.
An die Beine wird nun der Boden geklebt.
Weiter geht das Basteln mit der Palme; verwenden Sie dazu möglichst viele Grüntöne, um dem

Hubert, der Elefant

## Elmar, der Elefant

Motiv mehr Farbenpracht zu verleihen. Nachdem Sie die Einzelteile der Palme ausgeschnitten haben, kleben Sie sie nach der Vorlage zusammen. Beachten Sie beim Zusammenkleben, daß mindestens drei Punkte der Palme mit dem Elefanten verbunden sein sollten, um dem Motiv mehr Stabilität zu verleihen. Abschließend übertragen Sie die Bemalung von der Abbildung und ermitteln das Loch für die Aufhängeschnur.

Exotische Tiere, Vorlagen

56

Exotische Tiere, Vorlagen

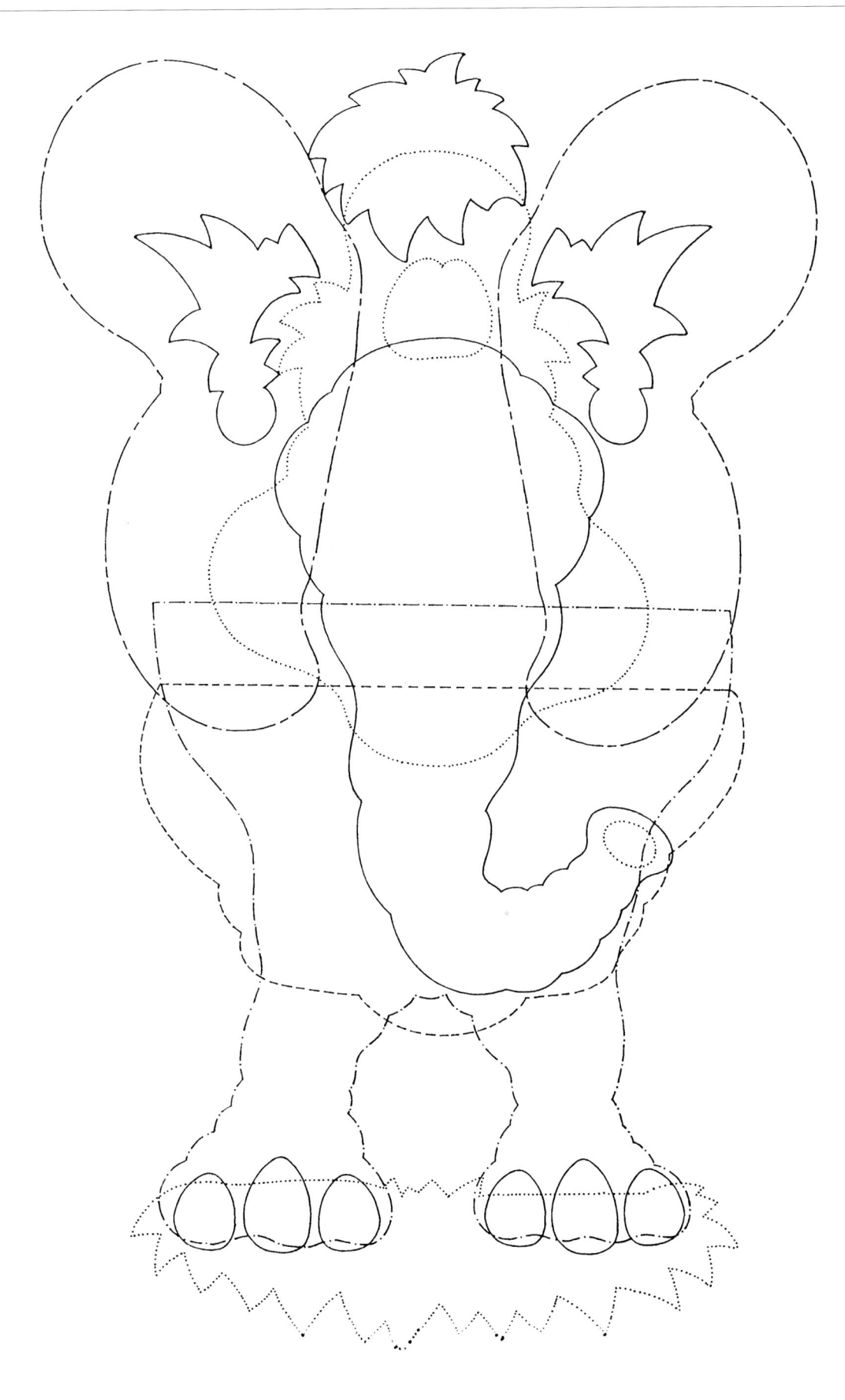

57

den Körper auf. Das macht den Körper etwas stabiler, und Sie haben die Möglichkeit, eventuell überstehende Kanten der Flecken nachträglich nachzuschneiden, so daß ein möglichst glatter Rand zum Körper entsteht.
Zugleich haben Sie damit auch die zeitaufwendigste Arbeit an diesem Motiv hinter sich gebracht.
Danach schneiden Sie sich alle übrigen Teile aus.
Von der Rückseite des Motivs kleben Sie den Bauch und das hintere Bein an.
Mit dem Befestigen des Grases, ebenfalls von der Rückseite des Motivs, geben Sie den Beinen mehr Stabilität.
Nun werden die Hufe und die Haarbüschel über den Hufen aufgeklebt.
Dann kleben Sie die Teile des Kopfes zusammen und bringen den Kopf am Hals an.
Abschließend wird die Bemalung von der Abbildung übertragen, ein Loch für die Aufhängeschnur ermittelt und ein Faden durch dieses Loch gezogen.

## Klara und Stöpsel, zwei Känguruhs

Die Känguruhmama geht mit ihrem Baby einkaufen. Für dieses Motiv fertigen Sie sich zunächst alle Teile je einmal aus Ihrem Bastelmaterial an.
Kleben Sie den Beutel am unteren Rand von Stöpsels Körper fest, und bringen Sie gleich danach die Nasenspitze, die Augen, die Haare und die Pfoten von Stöpsel an.
Den so vorbereiteten Känguruhsproß kleben Sie anschließend auf die Schürze auf.
Am vorderen Arm von Klara befestigen Sie jetzt den Korb und kleben gleich danach den Arm am Körper der Känguruhmama auf.
Das vordere Bein der Känguruhmama wird ebenfalls gleich an den Körper angeklebt.
Hinter den Beinen und dem Schwanz befestigen Sie nun den Boden und kleben die vorbereitete Schürze am Motiv an.
Jetzt wird der Kopf der Känguruhmama aufgeklebt und die Nasenspitze, die Augen und die Haare angebracht.
Hinter die Nase kleben Sie den Luftballon. Am Arm befestigen Sie die Faust und daran die Schnur des Luftballons.
Mit wenigen Strichen übertragen Sie jetzt die Bemalung von der Abbildung und ermitteln anschließend das Loch für Ihre Aufhängeschnur.

## Wanda, die Giraffe

Bei jeder Afrikareise werden Wanda und ihre Artgenossen allen sofort ins Auge fallen, denn durch ihre Körpergröße sind sie einfach nicht zu übersehen.
Beginnen Sie die Bastelarbeit mit dem Ausschneiden des Körpers und der Flecken.
Kleben Sie anschließend gleich die Flecken auf

Klara und Stöpsel, zwei Känguruhs

## Charly, das Äffchen

Wer schmeißt denn da mit Kokosnüssen? Das freche Äffchen geht wieder seiner Lieblingsbeschäftigung nach.
Am besten basteln Sie zuerst das Äffchen und danach die Palme.
Schneiden Sie sich die Teile für das Äffchen aus Ihrem Bastelmaterial aus.
Kleben Sie das Gesicht auf den Kopf, danach die Kokosnuß in die Hand und anschließend den Bauch auf den Körper.
Die Hand und den Schwanz bewahren Sie auf, diese Teile werden als letztes auf das gesamte Motiv geklebt.
In das Gesicht werden die Augen, die Nase und die Augenbrauen geklebt.
Das so vorbereitete Äffchen legen Sie jetzt beiseite.

Fertigen Sie sich nun die Teile für die Palme aus Ihrem Bastelmaterial an.
Zum Zusammenkleben der Palmenblätter empfehle ich, die Schablonenzeichnung zu Hilfe zu nehmen. Kleben Sie, ausgehend vom vordersten Palmenblatt, die anderen Blätter immer dahinter.
Wenn Sie die Palmenblätter fertiggeklebt haben, bringen Sie von der Rückseite her den Stamm und die anderen Kokosnüsse an.
Verbinden Sie jetzt die Palme mit dem Äffchen, und kleben Sie als letztes die Hand und den Schwanz am Motiv an.
Zum Schluß übertragen Sie die Bemalung von der Abbildung und ermitteln das Loch für die Aufhängeschnur.

## Amanda, die Schlange

Hier begegnet uns Amanda beim Morgenspaziergang, gut gelaunt und voller Erwartung, was der Tag ihr wohl bringen wird.

Amanda ist ein ganz einfaches Motiv und daher auch für Kinder zum Nachbasteln gut geeignet.
Ein kleiner Hinweis: Je größer Amanda hergestellt wird, um so einfacher wird dieses Motiv. (Die Größe der Motive bestimmen Sie, wie anfangs erwähnt, mit dem Fotokopierer.)
Schneiden Sie zunächst alle Einzelteile je einmal aus Ihrem Bastelmaterial aus.
Gleich danach können Sie den Körper auf den Rasen kleben und am Hals den Kopf anbringen. Auf den Kopf kleben Sie das Gesicht der Schlange und setzen die Augen, die Zähne und die Zunge an.
Über die Zähne und die Zunge kleben Sie die Nase. Oben am Kopf kleben Sie die Haare auf. Zum Schluß übertragen Sie die Bemalung von der Abbildung und ermitteln das Loch für die Aufhängeschnur.
Ein Tip: Legen Sie den Rasen besonders groß an, dann können mehrere Schlangen aus verschiedenen Richtungen ihren Morgenspaziergang machen. Das Fensterbild wird dadurch besonders lebendig.

Exotische Tiere, Vorlagen

Exotische Tiere, Vorlagen

Exotische Tiere, Vorlagen

64